AF308710

PROGRAMME SOCIALISTE

MÉMOIRE

présenté au Congrès Jurassien de 1880

PAR LA

FÉDÉRATION OUVRIÈRE

DU

DISTRICT DE COURTELARY

PRIX 20 CENTIMES

GENÈVE 1880

PROGRAMME SOCIALISTE

MÉMOIRE

présenté au Congrès Jurassien de 1880

PAR LA

FÉDÉRATION OUVRIÈRE

DE

DISTRICT DE COURTELARY

Prix 20 centimes

GENÈVE 1880

PROGRAMME SOCIALISTE

MÉMOIRE

présenté au Congrès Jurassien de 1880

PAR LA

FÉDÉRATION OUVRIÈRE

DU

DISTRICT DE COURTELARY

PRIX 10 CENTIMES

GENÈVE 1880

Programme Socialiste.

MÉMOIRE

présenté au Congrès Jurassien de 1880
par la Fédération Ouvrière du
district de Courtelary.

—

Introduction.

L'élaboration d'un programme socialiste peut être
comprise de différentes façons. Nous déterminerons
donc, pour l'intelligence de ceux qui liront ce programme, le cadre dans lequel nous devons nécessairement limiter ce travail.

Un programme socialiste, pour être complet, dans
les limites des connaissances humaines, devrait em-
brasser l'histoire de l'humanité, les sciences naturelles, l'économie sociale, la politique, la morale et
la philosophie; ce serait une nouvelle encyclopédie
refaite à la lumière des aspirations socialistes. Cette
œuvre gigantesque s'élaborera peut-être un jour par
les efforts collectifs des vaillants penseurs qui ap-
portent à la révolution populaire, la collaboration
précieuse de la science.

Pour nous, travailleurs manuels, notre tâche est
tracée par les circonstances dans lesquelles se développent les populations ouvrières. Notre travail
sera plus une œuvre indicative que complète. Nous
formulerons ce que nous savons; nous dirons nos
aspirations; nous déterminerons nos revendications;
nous concluerons avec la logique du bon sens populaire.

Il nous paraît qu'un programme socialiste doit comprendre : une déclaration de principes, un exposé de tactique, et des idées sur la réorganisation sociale et les devoirs des socialistes.

Nous traiterons successivement ces différents points. Les limites tracées à ce travail exigent que nous employions, non pas la forme démonstrative, mais affirmative ; cette dernière forme, quoique prétentieuse et souvent choquante, est indispensable à la clarté de ce travail.

Du reste, sans prétentions pédantesques, le socialisme peut affirmer ; la science confirme ses déclarations qui, jadis, étaient taxées d'utopiques, et les peuples sont en marche vers la révolution sociale.

I. Déclaration de principes.

Le socialisme, par la nature même de tous ses éléments constitutifs, est l'ennemi de toutes les tyrannies et exploitations, religieuses, doctrinaires, politiques, économiques et sociales ; son but est la constitution d'une société humaine fondée sur le travail et la science, sur la liberté, l'égalité et la solidarité de tous les êtres humains.

Le dogme absolu, dans n'importe quel domaine, ne peut être qu'une absurde aberration de l'orgueil humain ; les sciences naturelles, l'histoire de l'humanité prouvent qu'il n'y a rien d'absolu, que tout se transforme par l'action incessante des forces de la nature, et dans l'humanité, par la puissance de développement des sociétés humaines : Dieu — la source de l'absolu, — produit de l'imagination égarée des hommes et des spéculations criminelles des despotes, est condamné ; les religions — résultats de l'idée de Dieu, s'en vont ; les théologies, les morales religieuses, les philosophies, déiste, métaphysique et éclectique, n'ont plus de base d'existence. Le vieux monde moral se meurt ! Sur ses ruines, reste la matière avec toutes ses forces de transformation ; l'humanité qui marche toujours ; la science qui cherche, découvre, observe, expérimente et donne la vérité ; le travail qui fait fructifier la vie de la matière et la vérité de la science ; la philosophie positive et matérialiste, et la morale humaine qui s'élaborent jour par jour sur le champ de bataille du progrès humain.

Dans le développement économique de la société humaine, nous assistons à une profonde transformation. La bourgeoisie, sortie triomphante de ses luttes avec la féodalité du moyen-âge, a pour base d'existence la propriété individuelle des matières premières, du sous-sol, du sol, des instruments de travail, du capital en général. La propriété individuelle est fondée sur la théorie de la récompense des efforts individuels. Or, cette théorie est condamnée, puisque tout indique qu'il n'existe pas d'efforts individuels isolés. Trois éléments essentiels constituent la source de toute richesse : les forces de la nature, les instruments de travail, le travail humain. Quelle est la part de l'individu en présence de ces éléments ? Ose-t-il revendiquer les forces de la nature ? Il en découvre les propriétés et les utilise quelquefois, il ne les crée point. — Revendiquera-t-il les instruments de travail ? Ce sont les générations

humaines qui ont successivement transformé la matière première en instruments de travail; la part des
individus a été quelquefois une découverte de détail,
mais c'est grâce au travail collectif se complétant
sans cesse, que nous devons les perfectionnements
auxquels la société est arrivée. — Le travail individuel? En présence de l'immense engrenage de la
production moderne, le travail individuel n'est plus
qu'une goutte d'eau dans la mer.

Les faits contemporains démontrent à l'évidence
que la justification de la théorie de la propriété individuelle est, non plus seulement un non-sens,
mais un crime. L'application de cette théorie par la
bourgeoisie a eu pour conséquence de fonder, sur
les ruines de la féodalité du moyen-âge, une nouvelle féodalité industrielle, agricole et mercantile
qui fait de la bourgeoisie une véritable aristocratie fi-
nancière; elle domine tout, et en bas sont les masses
innombrables du prolétariat. Non-seulement toutes
les sources de la richesse naturelle et sociale sont
la propriété de la bourgeoisie, mais par l'inflexible
loi du salaire, le travailleur lui-même est de fait la
propriété de cette classe. Quel renversement complet de la théorie de la récompense des efforts individuels! Ceux qui meurent en travaillant dans les
mines, sur le sol, dans les manufactures et ateliers,
sur les chantiers, ont en récompense des richesses
qu'ils produisent et transforment, les privations,
le paupérisme, la misère morale et matérielle, l'é-
tiolement de la race. Ceux qui dirigent, spéculent,
exploitent le travail des masses, ont la parfaite jouissance de tous les perfectionnements et raffinements
de la civilisation.

Au nom de la justice et de la morale sociales, le

socialisme veut la fin du régime de l'exploitation économique par la transformation de la propriété individuelle en propriété collective.

Il nous reste à toucher à l'arche sainte de l'autorité. Puisque les dieux s'en vont et que la propriété se transforme, pourquoi laisserions-nous debout ces hommes providentiels qui gouvernent les peuples, comme l'idée de Dieu dominait le monde? Vous ne voulez plus de l'absolutisme divin, pourquoi conserveriez-vous l'absolutisme de l'homme? Les rois absolus et les monarques constitutionnels sont condamnés par la critique républicaine; nous nous élevons à notre tour contre tout gouvernement, dit républicain, au nom de la liberté humaine. La république comme forme de gouvernement, ne vaut pas mieux que la monarchie absolue ou que la royauté constitutionnelle. Vous contestez à un seul le droit de gouverner et vous l'accorderiez à plusieurs? Mais le gouvernement de la république démocratique est constitué au nom de la majorité; si un seul n'a pas le droit de gouverner, plusieurs ne peuvent le posséder — qu'ils soient minorité ou majorité. La théorie du gouvernement résultant d'une convention tacite entre tous les citoyens pour l'acceptation d'une forme de gouvernement quelconque, est inadmissible. Cette convention tacite n'existe pas, puisque les hommes n'ont jamais été consultés sur l'abdication de leur liberté. Ils subissent les gouvernements, parce que, comme les sociétés, ils sont un produit de l'histoire; le principe d'autorité ayant toujours fait partie de l'enseignement historique, les peuples s'en sont naturellement nourris; le principe même n'a pas été mis en doute, seules les formes de l'autorité ont été discutées suivant les progrès de la démocratie. Les théories doctrinaires du libéralisme bourgeois, les tendances radicales de la démocratie n'ont pas empêché les Etats — cette forme politique et sociale dont l'autorité gouvernementale est la manifestation — d'aboutir à l'absolutisme de classe. La bourgeoisie est maîtresse souveraine dans les Etats modernes et ce sont ses intérêts de classe qui constituent le fond de toute la politique des Etats.

Nous nous élevons donc contre les Etats et l'autorité gouvernementale qui en est la manifestation intérieure et extérieure, non-seulement au nom de la liberté humaine, mais aussi au nom des revendications de classe du prolétariat contre la bourgeoisie.

Sur les ruines du vieux monde politique nous voulons l'autonomie de l'individu, du groupe, de la commune, de la région, et leur fédération surgissant spontanément des manifestations de la vie populaire.

II. Tactique.

Le but gigantesque que se propose de réaliser le socialisme, but que nous avons cherché à déterminer d'une manière générale dans notre déclaration de principes, suppose non-seulement une série de réformes successives dans les détails de composition de la société contemporaine, mais une transformation radicale dans les bases mêmes de cette société. Les partis progressistes, en s'obstinant à réformer les institutions, constitutions et législations des Etats, sans toucher aux bases d'existence de ces Etats, font un travail identique à celui d'un entrepreneur qui construirait un bâtiment sur un terrain recouvrant un précipice. Le bâtiment construit et embelli s'effondre par l'écroulement du terrain. Remarquons que malgré le développement de la civilisation bourgeoise, la misère grandit, la scission entre les classes s'accentue et que toutes les conséquences d'un pareil état de choses se développent dans une proportion qui devrait attirer l'attention sérieuse des plus obstinés, — preuve évidente que le progrès, dans la société contemporaine, est plus artificiel que réel. C'est du reste logique : réformez les conséquences d'une cause, sans atteindre celle-ci, vous donnez d'autres formes à ces conséquences, mais elles n'en restent pas moins le produit de la cause que vous n'osez ou ne voulez atteindre.

Telle est la nécessité de la révolution.

La révolution sociale attaquant les bases mêmes de la société bourgeoise, consacrera par son triomphe de nouvelles bases au développement de la société humaine. L'œuvre du progrès pacifique, des réformes successives dans les détails, se continuera après la révolution sociale, comme ce fut le cas après toutes les grandes révolutions qui ont transformé les conditions d'existence des sociétés humaines.

Cette révolution n'est pas seulement une conception théorique ; elle est dans la nature des choses et c'est le développement de la situation actuelle qui y conduira. Cependant, si la situation est l'élément principal comme levier de la révolution, l'intervention plus ou moins intelligente et appropriée du parti qui possède la conception théorique de cette révolution n'en est pas moins un facteur important. De là découle la nécessité, non pas d'attendre que la révolution tombe du ciel, mais de la préparer

dans les limites du possible, et surtout, de faire en
sorte qu'elle ne tourne pas de nouveau au profit des
classes gouvernantes.

Nous avons donc à étudier la tactique du parti
socialiste au point de vue de l'action préparatoire
de la révolution et de l'action révolutionnaire elle-
même.

Une tendance, pour se traduire dans les faits,
doit prendre corps dans une organisation qui em-
brasse tous les éléments intéressés au triomphe de
cette tendance. Le socialisme, comme nous l'avons
déterminé, n'est pas seulement une revendication
des prolétaires contre les bourgeois, c'est aussi le
cri de ralliement de tous les opprimés contre les
oppresseurs, des penseurs libres contre les étouf-
feurs de la pensée, des révoltés contre toutes les
dominations et exploitations ; c'est la marche en
avant de tout ce qui se rattache au travail, à la
science, à la morale et à la justice humaines, à la
liberté, à l'égalité et à la solidarité. L'organisation
de tous ces éléments divers, — marchant vers un
même but — doit donc être complexe ; elle doit re-
présenter et donner satisfaction à tous ces éléments.
Les sociétés de métiers, les cercles d'étude et de
propagande, les fédérations ouvrières locales, régionales et internationales, les conspirations socialistes et révolutionnaires sont autant de formes
diverses qui donnent satisfaction aux besoins d'organisation des différents milieux économiques, politiques et sociaux. Nous n'avons donc, en matière
d'organisation, pas de forme absolue ; toutes ont
leur raison d'être selon les situations et les buts
spéciaux par lesquels elles travaillent à la réalisation du but général.

Les organisations faites, celle-ci doivent tendre à se développer au sein du peuple; deux voies leur sont ouvertes : la propagande et l'action.

Pas plus que l'organisation, la propagande socialiste ne doit se tracer de limites; relations personnelles et causeries intimes, publication d'écrits scientifiques, de journaux, de brochures socialistes, de dessins historiques ou imaginés, organisation de conférences et de réunions populaires, tous ces moyens de propagande doivent, dans les limites du possible, être utilisés simultanément. Toutes les diverses manifestations de l'être humain — pensées, sentiments, aspirations esthétiques, préoccupations quotidiennes de la vie pratique — doivent être prises en considération dans le travail de propagande. Pratiquée ainsi sur une large échelle, la propagande socialiste ne tarderait pas à transformer les conceptions et les sentiments, en un mot l'opinion publique des populations où s'exercerait cette action.

Si les idées et les sentiments exercent une influence considérable sur l'imagination des peuples, les actes exercent une plus grande influence par leur côté pratique.

Quelle peut être l'action pratique du parti socialiste dans la période de transition que nous traversons? — Elle présente deux caractères essentiels, l'un économique, l'autre politique.

L'action économique du parti socialiste porte essentiellement sur la défense des intérêts du travail par le maintien et l'augmentation du taux des salaires, la diminution des heures de travail, la sécurité du travailleur dans les établissements industriels, tant au point de vue de l'hygiène que de sa liberté individuelle relative. Cette action s'exerce par la résistance défensive ou offensive ; cette résistance est quelquefois purement passive, mais plus souvent elle devient la grève. Ces dernières années nous avons vu la grève prendre le caractère de l'insurrection économique et la bataille sanglante a creusé davantage le fossé qui sépare la bourgeoisie du prolétariat ; ce sont là des manifestations sérieuses qui marquent une nouvelle étape dans le mouvement ouvrier. Les organisations de métiers et les fédérations ouvrières, par un développement général et la combinaison tactique de leurs forces, arriveraient certainement à donner au mouvement ouvrier une puissance considérable ; en accentuant leurs programmes et leurs moyens d'action, elles deviendraient un puissant élément dans les forces révolutionnaires.

La coopération, comme tendance socialiste, a vécu ; comme moyen d'action nous n'en parlons que pour mémoire ; son seul résultat pratique fut d'aider à la démonstration de la nécessité de la révolution, d'indiquer pratiquement les formes d'organisation du travail dans la société réorganisée, de montrer enfin ce que pourrait être la production dans une société libre et quel degré de bien-être peut être atteint par une société où les produits du travail ne sont pas accaparés par une minorité oisive.

L'action politique du parti socialiste est plus difficile à déterminer parce que nous nous trouvons en présence de deux tendances générales bien accentuées. Les uns préconisent la participation des classes ouvrières à la politique courante et la conquête par elles du pouvoir politique dans l'Etat. Les autres, au contraire, préconisent l'abstention en matière d'action politique dans l'Etat.

Ce furent des conceptions théoriques différentes sur les formes politiques de la nouvelle société qui constituèrent les deux écoles qui représentent—l'une le socialisme autoritaire, l'autre le socialisme anarchiste.

Ne pouvant concevoir d'autre forme politique que l'Etat omnipotent, centralisé et gouverné par un pouvoir électif, le socialisme autoritaire espère accomplir la révolution dans le régime de la propriété en s'emparant du pouvoir dans l'Etat pour transformer l'Etat actuel en un Etat communiste.

Nous ne pouvons pas partager cette manière de voir. La révolution économique que veulent les socialistes, est une révolution trop profonde pour qu'elle puisse s'opérer par les ordres d'un pouvoir central quels que fussent sa force et son élan révolutionnaire. Décrétée, elle resterait lettre morte si elle n'était accomplie par le peuple lui-même, sur tous les points du territoire. Et si même l'Etat communiste eût pu exister un moment, il eût nécessairement porté en lui-même les germes de dissolution, parce qu'il n'aurait résolu qu'une partie du problème social, la réforme économique.

Tout le problème de la réalisation de la liberté humaine — dans sa plus large conception — reste debout, parce que l'Etat, par la nature même de sa constitution et de ses manifestations, n'émancipe pas l'être humain, mais l'absorbe; l'Etat communiste, plus encore que l'Etat bourgeois, annulerait l'individu et régnerait par la force. Pour nous, la solution du problème social comprend, non-seulement la réalisation la plus complète pos-

sible, au profit des masses, du bien-être matériel, mais aussi, pour tous et pour chacun, la conquête la plus large de la liberté. Telle est la raison
pour laquelle nous ne sommes point partisans de
l'Etat communiste et, en conséquence, les ennemis
d'une politique qui conduit logiquement à cet Etat.

Nous nous bornons à énoncer la raison supérieure
de notre conception sur la politique socialiste étatiste,
la critique des détails de cette tactique confirme
pratiquement la raison théorique générale. La domination économique de la bourgeoisie sur le prolétariat rend très-difficile toute manifestation politique indépendante des masses populaires ; l'influence des milieux, des situations personnelles,
locales et nationales, le degré de culture des populations et leurs conceptions, offrent des difficultés
considérables à la réalisation d'un programme socialiste dans l'Etat. L'intime liaison qui existe entre
les institutions de l'Etat, entre son organisation
même et ses manifestations, soit législatives, soit
exécutives, rend illusoire une réforme quelconque.
Réformez la constitution de l'Etat, les conséquences
de cette réforme ne deviennent pratiques que si
vous réformez en détail toutes les dispositions législatives et exécutives sur la juridiction, la police,
le militaire, les travaux publics, les finances, les
écoles, les églises, l'administration politique et judi-
ciaire, la jouissance des droits politiques. La réforme
opérée sur un détail, reste sans effet pratique sen-
sible, parce que tout le reste du système continue
à peser de son lourd poids sur le peuple. D'un
autre côté, la situation se développe, de nouvelles
difficultés surgissent sans cesse, des besoins nouveaux se font sentir et l'Etat n'arrive jamais à temps

pour donner satisfaction aux besoins du peuple,
parer aux difficultés et être à la hauteur de la situation. La société humaine marche, l'Etat est toujours
le sabot.

L'examen de la situation contemporaine fournit
une démonstration éclatante de ce que nous avan-
çons.

Le parti socialiste étatiste, pour agir politiquement
sur le terrain légal n'avait malheureusement qu'une
chose à faire — mettre en poche le programme
communiste et affecter un programme de pratique
immédiate, avec lequel on espérait rallier les masses,
on prit dans les programmes avancés de la démocratie bourgeoisie les points saillants, en leur don-
nant une couleur socialiste et c'est ainsi que surgi-
rent les différents programmes de réalisation
immédiate du parti socialiste légal.

L'Etat bourgeois n'accepta pas même la lutte sur
ce terrain pacifique et le seul pays, en Europe, où
ce socialisme légal fut une puissance — l'Allemagne
— nous offre le spectacle d'une réaction sur toute la
ligne ; la retraite du parti socialiste et sa désorganisation sont le résultat de toute une longue et puissante campagne.

Cette tactique de politique étatiste ne nous parait
donc pas être la vraie. Examinons la tactique abstentionniste. Les anarchistes, en élargissant le
problème social, en y introduisant, à côté de la
transformation de la propriété, la destruction de
l'Etat, raisonnèrent logiquement en disant : puisque
nous voulons la destruction de l'Etat, loin de chercher à nous en emparer pour le modifier, le transformer, nous devons au contraire chercher à faire
le vide autour de lui, pour l'affaiblir de toutes les

forces morales et matérielles qui pourraient lui apporter leur concours. Telle est l'origine du courant abstentionniste contemporain. Malheureusement, le bon sens, la logique théorique se rencontrent rarement d'accord avec la réalité des faits. S'il est absolument vrai, théoriquement, que le jour où les masses populaires se refuseraient à nommer des législateurs, des gouvernements et des administrateurs de l'Etat, rejeteraient constitutions et lois, refuseraient les impôts et le service militaire, l'Etat aurait vécu dans l'histoire, il n'en est pas moins vrai, d'un autre côté, que pratiquement, la plupart des êtres humains sont attachés à l'une ou à l'autre chose de la société actuelle et de l'Etat. C'est par ce lien pratique—qui est souvent un détail—que tout le système se continue, soutenu par les masses, malgré leurs mécontentements.

L'Etat prélève des impôts, chacun vise à payer moins; il s'occupe de juridiction, tous veulent une bonne justice au meilleur marché; l'Etat s'occupe des écoles, les parents veulent, pour leurs enfants, une bonne instruction qui ne leur coûte rien; il s'occupe de l'Eglise, les uns veulent l'Eglise libérale, les autres l'Eglise orthodoxe ou ultramontaine, d'autres encore veulent que l'Etat les laisse libres de n'appartenir à aucune Eglise; l'Etat s'occupe de police, chacun vise à garantir par lui sa sécurité personnelle; il a une organisation militaire, beaucoup se font un devoir d'être soldats, les uns en permanence, les autres en qualité de miliciens; l'Etat s'occupe des routes, des forêts, des eaux, tous ces services doivent donner satisfaction aux intérêts du public; l'Etat accorde le droit de nommer le gouvernement, les administrations, les législateurs, de voter les institutions et les lois, les budgets, tous sont fiers d'être citoyens-électeurs.

Chaque individu pris dans l'engrenage de l'une ou plusieurs de ces questions de détails pratiques, vous avez la masse attachée toute entière au système. Très-peu osent penser et dire que les services généraux pourraient très-bien être faits directement par la société humaine elle-même, librement organisée.

Ce côté pratique des choses pose devant nous cette question importante: quel est le terrain pratique sur lequel nous pouvons agir, sans entrer dans l'engrenage de l'Etat, mais en intéressant le grand nombre, les masses?

Convaincus que c'est surtout la puissante organisation de l'Etat, créée pour le maintien du régime actuel, qui contribue à le perpétuer en l'appuyant des forces immenses dont elle dispose, — nous devons évidemment saisir toutes les occasions qui se présentent pour désorganiser ces forces, soit en réveillant dans le peuple l'esprit d'opposition à l'Etat lorsque celui-ci empiète sur de nouvelles sphères, soit en réveillant l'esprit révolutionnaire lorsque l'action gouvernementale se trouve en conflit sérieux avec l'opinion générale. Ces occasions ne sauraient être spécifiées à l'avance. C'est le développement même de la situation qui les crée. Mais il est certain qu'en ce moment presque tous les grands Etats se trouvent déjà dans de pareilles situations et si, dans les petits Etats — où toute la vie politique se passe, pour ainsi dire, en famille — il ne s'est pas présenté de pareilles occasions durant ces dernières années, il n'en est pas moins certain, que les conflits entre le peuple et son gouvernement vont surgir bientôt; les questions d'un ordre général, débattues en ce moment chez nos voisins, vont nécessairement trouver leur écho dans les petits Etats, et en effet nous y voyons déjà quelques symptômes de conflits prochains. Quant à la tactique à suivre en de pareilles circonstances, il est évident qu'elle doit être discutée et déterminée dans chaque occasion spéciale, mais qu'elle doit toujours être guidée par l'esprit de négation de l'Etat tout-puissant et du préjugé gouvernemental.

En outre, si nous ne pouvons, sans renier nos principes et notre ligne de conduite générale et sans entrer dans une agitation infructueuse et nuisible, agir autrement qu'en restant parti d'opposition à l'égard de toutes les formes de gouvernement, nous pouvons et nous devons être parti de l'introduction des revendications économiques des classes travailleuses dans la Commune. Et si, dans ce genre d'action, nous abandonnons les vieilles routes battues qui consistent à attendre tout d'un Conseil communal, qui n'est qu'une succursale de l'Etat, si nous cherchons, au contraire, à donner jour aux revendications des classes travailleuses, en prenant l'initiative en dehors des Conseils communaux, si nous cherchons toujours à élargir les attributions de la Commune aux dépens de son Conseil et de l'Etat, — alors, tout en nous plaçant sur un terrain pratique, notre action n'est plus la consécration de l'Etat, c'est la guerre continuelle à l'Etat, non plus seulement théorique et abstraite, mais pratique et concrète, se manifestant par des questions vivantes pour la masse. Les antagonismes politiques qui résulteraient d'une pareille ligne de conduite, auraient aussi pour conséquence de nous introduire sur le terrain des insurrections, précurseurs de la révolution sociale.

En effet, les insurrections, pour avoir une valeur réelle, doivent être des mouvements populaires, et ce n'est qu'autour d'intérêts immédiats, locaux et régionaux, que se grouperont les masses. Nous ne pouvons marcher dans la révolution sociale, qu'en nous y introduisant par des portes quelconques. Évitons celles qui nous mènent dans une direction opposée, c'est-à-dire, vers la consécration du pouvoir gouvernemental, mais ne nous fermons aucune de celles qui mènent vers la révolution: les organisations, la propagande, les conflits économiques entre travailleurs et capitalistes, la désorganisation de l'État, les luttes politiques entre les intérêts du peuple et de la Commune contre l'omnipotence de l'État, les insurrections populaires, — tous ces moyens d'action nous apparaissent maintenant comme l'action préparatoire à l'action révolutionnaire, par laquelle nous atteindrons notre but.

Il nous reste à examiner la tactique révolutionnaire elle-même.

Nous n'avons plus, dans cette partie de notre travail, à nous occuper de la démonstration de la nécessité de la révolution sociale, mais bien des moyens d'accomplir cette révolution.

Trois éléments essentiels nous autorisent à dire que c'est dans la Commune que se trouvera le foyer de la révolution sociale. L'ancienne tradition révolutionnaire jacobine a fait son temps et, depuis la Commune de Paris, il se constitue une nouvelle traditon révolutionnaire autour de l'idée d'autonomie communale et de fédération. L'état des esprits incline de plus en plus vers cette nouvelle forme politique, les excès de la centralisation se faisant partout lourdement sentir sur les populations; le développement de la situation matérielle, aussi bien que les nouveaux courants d'opinion, conduisent à la Commune autonome et à la fédération des Communes. Ajoutons à ces considérations générales les conséquences nécessaires de la tactique préparatoire de notre parti, et nous pouvons affirmer que c'est dans la Commune que grondera l'insurrection populaire.

Nous avons donc à nous occuper des mesures révolutionnaires immédiates dans la Commune.

La puissance de la bourgeoisie sur les masses populaires a sa source dans les priviléges économiques, dans la domination politique et dans la consécration juridique de ces priviléges. Il faut donc atteindre la puissance bourgeoise dans ses causes, aussi bien que dans ses manifestations diverses.

Les mesures suivantes nous paraissent indispensables au salut de la révolution, au même titre que la lutte armée contre ses ennemis.

Confiscation, par les insurgés, du capital social, propriétés terriennes, mines, habitations, édifices religieux et publics, instruments de travail, matières premières, métaux précieux, bijoux et pierres de valeur, produits manufacturés;

Destitution de toutes les autorités politiques, administratives et judiciaires;

Abolition de toute intervention légale dans le paiement des dettes collectives ou privées et dans la transmission des héritages;

Suppression de tous les impôts;

Licénciement de l'armée et de la police;

Auto-da-fé de tous les titres de rentes, de propriété, d'hypothèque, de valeurs financières, de concessions.

Telles nous paraissent devoir être les mesures destructives. — Quelles doivent être les mesures organiques de la révolution?

Constitution immédiate et spontanée des corps de métiers; prise de possession provisoire, par eux, de la part du capital social propre au fonctionnement de leur spécialité de production; fédération locale des corps de métiers et organisation du travail.

Constitution des groupes de quartier et fédération de ces groupes pour assurer le service immédiat des subsistances.

Organisation des forces insurrectionnelles.

Constitution de commissions, par délégations des groupes, ayant chacune une spécialité dans l'administration des affaires de la Commune révolutionnaire: commission de sûreté contre les ennemis de la révolution, commission de la force révolutionnaire, commission de contrôle du capital social, commission du travail, commission de subsistances, commission pour le service de la circulation, commission d'hygiène, commission d'enseignement.

Constitution de commissions d'action extérieure avec mission de travailler à la fédération de toutes les forces révolutionnaires des Communes insurgées; de provoquer, par la propagande révolutionnaire, l'insurrection dans toutes les Communes et régions et l'application, dans la plus large mesure possible, des mesures propres à la destruction de l'ordre de choses actuel et au salut de la révolution.

Fédération des Communes et organisation des masses, en vue de la permanence de la révolution, jusqu'à l'écrasement complet de toute action réactionnaire.

Telle nous paraît devoir être, dans ses points essentiels, la tactique révolutionnaire du parti socialiste. Une foule de détails ne peuvent être prévus dans ce travail, parce qu'ils dépendent des circonstances locales et passagères; il peut nous suffire d'indiquer le caractère général de notre action révolutionnaire pour savoir où nous marchons.

III. Réorganisation sociale.

Les différentes écoles socialistes qui ont surgi avant et pendant la révolution de 1848, se distinguent surtout parce qu'elles ont produit différents systèmes tout faits de réorganisation sociale. Ces différents systèmes préconçus d'une nouvelle société devaient nécessairement, eu égard à la situation contemporaine, revêtir un caractère utopiste prononcé. Quelles que soient les critiques bourgeoises qui se sont produites à leur égard, le courant socialiste de la première moitié de ce siècle n'en marque pas moins une étape sérieuse dans la voie du progrès humain. Ce fut une noble et généreuse protestation contre les iniquités de la société bourgeoise ; ce furent une foule d'idées nouvelles, les unes originales, les autres très-sensées, qui ont déjà reçu un commencement d'application dans le mouvement ouvrier socialiste contemporain, et dont beaucoup recevront leur juste application dans une société mieux organisée.

Aujourd'hui, en nous occupant de réorganisation sociale, nous pouvons procéder, non plus par idée préconçue, mais par déduction logique de la situation moderne, des nouveaux principes qui ont surgi et de la tactique à suivre pour la réalisation pratique de ces principes.

Renouvellons ce que nous avons établi dans notre déclaration de principes et dans notre exposé de tactique et nous trouvons que la société bourgeoise a pour base d'existence la propriété individuelle et comme mode d'organisaton, l'autorité d'un seul, de plusieurs, de minorités fonctionnant hiérarchiquement par voie gouvernementale; qu'une nouvelle société, scientifiquement organisée, doit avoir pour base d'existence la propriété collective et comme mode d'organisation l'autonomie et la libre fédération, surgissant spontanément des besoins et des aspirations de la vie populaire. De même que les bases de la société bourgeoise entraînaient, comme conséquences nécessaires, une foule d'institutions que nous voyons fonctionner sous nos yeux, de même de nouvelles bases de la société auront pour conséquence de nouvelles institutions sociales; nous n'avons plus qu'à chercher à les déduire des bases que la révolution sociale fera triompher.

La socialisme l'a établi: la société marche à l'abolition de la propriété individuelle et à la jouissance collective des instruments de production et des produits du travail. Mais, nous dira-t-on, cette transformation peut revêtir des formes diverses. On peut chercher à la réaliser par l'Etat, par la Commune ou par des groupes isolés; elle peut revêtir la forme d'un collectivisme limité ou d'un communisme complet. Nous le savons, et c'est pour rester sur le terrain de la réalité scientifique et du développement historique que nous devons être anarchistes. En effet, supposons l'application de la doctrine révolutionnaire autoritaire et dictatoriale dans la transformation sociale; cette supposition en entraîne une autre, c'est que les masses populaires acceptent la dictature, celle-ci exprimant complètement leurs aspirations; car remarquons-le bien, quelque puissante que puisse être une dictature révolutionnaire, pour que son action soit acceptée par les masses, il faut qu'elle ne soit l'écho que des sentiments et des aspirations des masses. Or, il serait puéril d'affirmer que le communisme autoritaire soit la tendance unanime de notre époque. Une dictature révolutionnaire voulant imposer ce système, ainsi que tout autre système, se heurterait donc à des résistances invincibles.

Par contre, le procédé de la transformation sociale, par l'action libre et spontanée des masses, réserve toutes les applications selon l'histoire, le tempérament, la culture, les conceptions et tendances des différents peuples. Nous verrions alors surgir à la fois l'Etat communiste, la Commune sociale et les groupes anarchistes. Et où serait le mal? Puisque chaque peuple, chaque groupe, chaque individu, en possession de sa liberté d'action, s'organiserait comme il l'entendrait; les expériences, le développement de l'histoire enseigneraient quelle est la meilleure forme, et la civilisation humaine aurait enfin à son service, d'une façon toute pratique, cette immense force — la liberté.

Le collectivisme nous apparaît donc comme la forme générale d'une nouvelle société, mais nous travaillerons de toutes nos forces à ce que son organisation et son fonctionnement soient libres.

Ce point important établi, nous développerons

quelques indications concernant la nouvelle organisation sociale qui surgira des luttes révolutionnaires.

Nous l'avons dit, c'est la Commune qui devient le foyer de la révolution ; nous commencerons donc notre étude de réorganisation dans la Commune. Le peuple insurgé a exproprié les détenteurs des capitaux, supprimé les institutions existantes et pris les différentes mesures nécessaires au salut de la révolution. Le peuple n'est pas un être abstrait, c'est un composé de groupes et d'individualités. Ces groupes, ces individus travaillent ; l'un est horloger, mécanicien, cordonnier, agriculteur, etc. Suivant le développement plus ou moins avancé de chacune de ces industries, le travail y relatif a un caractère collectif plus ou moins prononcé ; ces collectivités, concernant le travail, ont pris nom dans l'histoire de corps de métier ; chaque corps de métier a pris possession de l'outillage, des matières premières, du capital nécessaire au fonctionnement du travail spécial à chaque métier. Nous devons ici bien déterminer le caractère de cette prise de possession ; nous employons ce dernier terme pour établir qu'il ne peut s'agir d'une appropriation absolue, mais d'une simple prise de possession conditionnelle. En effet, la propriété en faveur d'un groupe est aussi inadmissible devant la science économique, que la propriété individuelle elle-même. La propriété doit s'universaliser, c'est-à-dire perdre tout caractère privé, tant en ce qui concerne l'individu, qu'en ce qui concerne le groupe, la Commune et la fédération ; elle doit entrer dans la conception des faits physiques ayant un caractère d'universalité ; seuls les rapports extérieurs concernant son utilisation peuvent faire

l'objet de contrats entre les groupes, entre ceux-ci
et la Commune, de celles-ci entre elles et avec les
fédérations. Ce caractère universel de la propriété
n'est pas seulement une conception théorique de
notre part, mais la prévision de la marche inévitable
des faits dans une civilisation avancée.

Reprenons la question d'organisation. Tous les
corps de métiers de la Commune se constituent librement. L'élan révolutionnaire effacera sûrement
les susceptibilités qui pouvaient précédemment exister entre divers groupes du même métier et nous
verrons sans doute surgir une seule organisation
pour le même métier; il se peut qu'il en soit autrement et que diverses organisations surgissent dans
le même métier; ceci ne présente aucune difficulté
et n'est qu'une application du principe d'autonomie.

Les attributions du corps de métier consistent essentiellement dans l'organisation de tous les détails
du travail spécial au métier; entretien et fonctionnement de l'outillage, usage des locaux, répartition
et rétribution du travail, hygiène et sécurité du travailleur dans l'établissement industriel, perfectionnement des procédés, utilisation des découvertes,
arbitrage en cas de conflit.

Avant d'aller plus loin nous devons répondre à
une objection. Supposons qu'un individu travaillant
dans tel métier se refuse à entrer dans aucun groupe,
vous ne pouvez le contraindre, puisque vous voulez
l'autonomie la plus complète; mais alors il se place
lui-même en dehors des groupes organisés et refuse
de participer aux bienfaits de cette organisation.
D'ailleurs, s'il est possible que de pareils faits se
produisent, ils ne seront en tout cas que des ex-
ceptions sans importance pratique; le bon sens et

le nécessité indiqueront aux hommes où est leur véritable intérêt et un grand développement dans le bien-être et la culture générale auront pour conséquence une application de plus en plus complète de la solidarité.

Quant aux égoïstes ou isolés par goût, ils vivront comme il leur conviendra en dehors de la vie générale. Cette observation, en ce qui concerne l'individu s'applique également aux groupes, aux Communes et aux fédérations.

Les corps de métiers constitués, il s'agit d'organiser la vie locale. L'organe de cette vie locale sera la fédération des corps de métier et c'est cette fédération locale qui constituera la future Commune. Sera-ce une assemblée générale de tous les habitants, seront-ce des délégations des corps de métiers, pour en référer ensuite à leurs assemblées particulières, qui rédigeront le contrat de la Commune? Il nous paraîtrait puéril de nous arrêter à la préférence de l'un ou l'autre système ; les deux systèmes fonctionneront sans doute suivant les traditions et l'importance particulière des Communes. Nous croyons utile de dire ici que, d'une façon générale, la pratique plus ou moins démocratique du suffrage universel perdra de plus en plus son importance dans une société organisée scientifiquement, c'est-à-dire où les faits réels et non plus de vaines formules artificielles, seront la base de toute vie sociale.

Quelles seront les attributions de la Commune? —Entretien de toute la richesse locale ; contrôle de l'utilisation des divers capitaux—sous-sol, sol, bâtiments, outillage, matière première — par les corps de métiers; contrôle, en ce qui concerne les intérêts

généraux, de l'organisation du travail; organisation
de l'échange et éventuellement de la distribution et
de la consommation des produits; entretien de la
voirie, des édifices, des promenades, des jardins
publics; organisation de l'assurance contre tous les
accidents; service d'hygiène; service de sécurité;
statistique locale; organisation de l'entretien, de l'instruction et de l'éducation des enfants; encouragements aux arts, aux sciences, aux découvertes et
applications.

Cette vie locale dans ces différentes branches
d'activité, nous la voulons également libre, comme
l'organisation du métier; la libre organisation, soit
des individus, soit des groupes, soit des quartiers,
pour la satisfaction des divers services locaux que
nous venons d'énumérer.

Pour ne pas retomber dans les errements des administrations centralisées et bureaucratiques, nous
pensons que les intérêts généraux de la Commune
ne doivent pas être administrés par une seule et
unique administration locale, mais par différentes
commissions spéciales pour chaque branche d'activité, constituées directement par les organisateurs-
intéressés de tel service local. Ce procédé enlèverait
aux administrations locales le caractère gouvernemental et maintiendrait, dans son intégrité, le
principe d'autonomie, tout en organisant au mieux
les intérêts locaux.

La Commune constituée, nous avons à étudier
l'organisation des intérêts généraux aux populations.
C'est par la fédération régionale des Communes,
puis par la fédération internationale des fédérations
régionales que nous arriverons le mieux à la complète satisfaction de tous les intérêts généraux. Mais,
si les populations ont des intérêts généraux à sau-

vegarder, chaque corps de métier, considéré à part,
a également des intérêts généraux spéciaux ; de là
la nécessité de fédérations de métiers régionales et
internationales.

Dans cette organisation des fédérations, le principe de libre groupement sera également observé
dans toute sa rigueur, de façon à ne pas retomber
dans l'erreur de l'ancienne organisation centralisée
dans l'Etat.

Les fédérations de métier s'occuperont du perfectionnement de l'outillage et des procédés du travail,
de la statistique du métier, de la valeur normale
des produits, des débouchés ; elles complèteront,
à leur point de vue spécial, l'action des Communes et
des fédérations régionales.

Les fédérations régionales et les fédérations internationales s'occuperont, dans les limites de leur
activité, de la conservation et de l'augmentation de
la richesse sociale, sous toutes ses formes ; des
grands échanges de produits ; de la circulation :
routes, postes, canaux, chemins de fer, bateaux à vapeur, télégraphes ; de l'entretien des rivières, des
fleuves, des forêts ; des grandes entreprises agricoles
et industrielles ayant un caractère d'intérêt général ; de l'hygiène générale ; de la sécurité des populations ; des assurances générales ; des grands
établissements d'éducation ; de la statistique générale ; des arbitrages dans les conflits pouvant surgir entre les communes et les fédérations ; des
encouragements aux grandes entreprises artistiques,
scientifiques et découvertes ; des relations et communications internationales.

Dans l'administration de ces différents services
généraux, on appliquera le principe de spécialisa-

tion, comme dans l'administration communale, et nous éviterons ainsi de donner raison au reproche qui a été fait au socialisme anarchiste — de retomber, par l'organisation des intérêts généraux, dans une nouvelle forme de l'Etat.

Comme on le voit, nous n'avons fait qu'indiquer les caractères généraux d'une nouvelle organisation sociale. Au point de vue des détails, chaque point nécessiterait un travail spécial. Les expériences et le développement historique régleront ces détails d'application et même les principes généraux, mieux que ne peuvent le faire nos conceptions théoriques présentes.

Ennemis de tout absolu, en ces matières d'avenir plus qu'en toutes autres, nous devons comprendre que la véritable conception—c'est celle de l'expérience historique.

Nous savons ce que nous avons à faire pour faire tomber la société bourgeoise ; nous possédons la conception générale d'une nouvelle organisation sociale; cela nous suffit, car nous voulons être un parti militant et non pas un parti de rêveurs.

IV. Devoirs des Socialistes.

L'action générale du parti socialiste n'est possible et vraiment fructueuse qui si chaque socialiste accomplit, à l'égard du parti, les devoirs personnels qui résultent de l'immense mission historique qui incombe au parti socialiste.

Nous voulons un monde nouveau; nous devons nous efforcer de devenir des hommes nouveaux, non pas dans le sens sectaire du mot et en faisant ab-

straction de la vie populaire contemporaine, mais
en devenant, au milieu de cette vie, des exemples
vivants des tendances que nous professons.

La culture intellectuelle et morale s'impose à nous,
non seulement comme un devoir, mais comme une
nécessité. Le triomphe de la révolution populaire,
pour servir l'humanité, doit être le triomphe, non-
seulement des justes appétits matériels des masses,
mais aussi des saines notions de morale et de justice, de la science, du beau et du vrai. Nous devons
donc nous-mêmes concevoir la morale, la justice, les
sciences, le beau et le vrai pour les faire triompher;
nous devons en conséquence consacrer, dans notre
vie individuelle pratique, une large part à l'étude et
à l'observation, afin de nous élever personnellement
à la hauteur de la mission de notre parti.

La pratique de la solidarité est l'une des conditions
préalables du succès ; nous devons nous efforcer
d'arriver à une large pratique de cette solidarité
non-seulement entre nous, mais à l'égard des fai-
bles et des opprimés qui ne sont pas encore avec
nous; habituons-nous à un appui mutuel et réci-
proque, moral et matériel, permanent ; ouvrons nos
sentiments aux plaintes des malheureux. N'oublions
pas que la fermeté du caractère, la puissance de
l'intelligence ne sont vraiment fécondes que si elles
sont secondées par la générosité du cœur. La solidarité ne doit pas être seulement, pour nous, une
loi scientifique, mais aussi une loi morale et un sentiment humain.

L'action personnelle à l'égard du parti doit se
manifester par une activité incessante à l'égard de
l'organisation, de la propagande et des tentatives
d'application. Le dévouement, l'abnégation, le sa-

crifice personnel, la persévérance sont des vertus que nous devons cultiver chez nous-mêmes et provoquer chez les autres. Nous devons comprendre que l'individu isolé n'est rien et qu'il ne peut quelque chose que par la collectivité; combattons énergiquement les prétentions de la vanité et de l'ambition personnelles.

Élevons-nous au sentiment de l'amour de l'humanité. Nous trouverons dans ce sentiment élevé une force contre les entraînements de l'égoïsme personnel, les traditions de famille, locales et patriotiques; nous sentirons vibrer en nous la sainte passion des grands sacrifices; nous posséderons l'enthousiasme viril des hommes qui veulent la réalisation d'un noble but.

Genève. — Imprimerie Jurassienne, rue des Grottes, 24.

Ce projet de programme ayant été discuté au Congrès annuel de la Fédération Jurassienne, siégeant à la Chaux-de-Fonds, le 9 et le 10 octobre 1880, le Congrès a pris à l'unanimité la résolution suivante :

« Le Congrès, après avoir entendu la lecture du mémoire publié par la fédération ouvrière socialiste du district de Courtelary, recommande cette publication à l'attention de tous les socialistes et de toutes les personnes qui s'intéressent aux questions sociales.

Le Congrès déclare cependant que deux points du programme auraient pu être plus nettement déterminés.

Les idées émises sur la Commune peuvent laisser supposer qu'il s'agit de substituer à la forme actuelle de l'Etat, une forme plus restreinte, qui serait la Commune. Nous voulons la disparition de toute forme étatiste, générale ou restreinte, et la Commune n'est pour nous que l'expression synthétique de la forme organique des libres groupements humains.

L'idée du collectivisme a donné lieu à des interprétations équivoques qu'il importe de faire disparaître. Nous voulons le collectivisme avec toutes ses conséquences logiques, non-seulement au point de vue de l'appropriation collective des moyens de production, mais aussi de la jouissance et de la consommation collective des produits. Le communisme-anarchiste sera ainsi la conséquence nécessaire et inévitable de la révolution sociale et l'expression de la nouvelle civilisation qu'inaugurera cette révolution.

Nous manifestons le désir que l'étude de cette question important soit reprise, en prenant, pour base de démonstration, l'application de ces théories dans une Commune déterminée, en tenant compte de tous les éléments constitutifs de cette Commune, soit comme facilités, soit comme difficultés d'application.

Le Congrès désire qu'une brochure, résumant le mémoire présenté par la Fédération ouvrière socialiste du district de Courtelary, soit publiée, dans l'intérêt de la propagande ouvrière. »

LE RÉVOLTE

Organe socialiste

paraissant tous les quinze jours

Administration : Rue du Nord, 15, Genève.

PRIX DE L'ABONNEMENT

Suisse : 3 mois, 1 fr. — 6 mois, 2 fr. — un an, 4 fr.
Extérieur, 3 mois, 1 fr. 35 c. — 6 mois, 2 fr. 65 c.
un an, 5 fr. 30 c.

On peut s'abonner aussi aux bureaux de poste.
Les abonnements peuvent être payés en timbres-poste de
tous pays.

En vente aux bureaux du RÉVOLTE :

Collection de brochures populaires à 2 cent. — Paris
I. — Deux mois sur la peine de mort, reprise.
II. — La Police politique fédérale.
Chants du Peuple. Chansons populaires à 5 centimes
feuille. Paris N. 1 et N. 2.
Petite bibliothèque populaire. Brochures de 16 à 32 pages à 10
a un cent. — Patrie. Libre échange et Protectionnisme
La Grève, sa cause, son remède. — Chacun pour soi. Dieu
pour tous. — Evolution et Révolution. — Ouvrier
prends la machine ! Prends la terre, paysan ! (Prix
2 centimes).

Elisée Reclus. La Peine de mort	10 c.
Le Procès de Solovieff, vie d'un nihiliste russe	20 c.
W. Holzmann, l'empire Knouto-germanique et la Révolution sociale	30
M. Bakounine. La Théologie politique de Mazzini et l'Internationale	30 c.
G. Lefrançais. Etude sur le mouvement communaliste à Paris, en 1871	3 fr. 50
Arnould. L'Etat et la Révolution	1 fr.
Ménacre de la Fédération Jurassienne	30 c.
A. Schwitzguébel. Radicalisme et Socialisme	
Compte-rendu officiel du sixième congrès général de l'Association Internationale des Travailleurs.	30 c.
id. du VIIIe Congrès	60 c.
Almanach du Peuple. Année 1872, 1874, 1875	10 c.